INHALT

VORWORT

Liebe Leserinnen, liebe Leser,

herzlich willkommen, zu "Schuldenfrei werden und bleiben"!
Es freut mich außerordentlich, dass Sie den Weg zu diesem
Ratgeber gefunden haben. Schulden können eine erdrückende
Last sein, die nicht nur finanzielle, sondern auch emotionale
Belastungen mit sich bringt. Doch gleichzeitig ist es wichtig zu
verstehen, dass der Weg aus den Schulden heraus möglich ist.
Dieses Buch ist Ihre Einladung diesen Weg gemeinsam zu
beschreiten.

Auf den folgenden Seiten werde ich Ihnen praktische Strategien,
erprobte Tipps und hilfreiche Einsichten vorstellen, die Ihnen
dabei helfen sollen, Ihre Schulden zu überwinden und ein Leben
in finanzieller Freiheit zu führen. Es ist mir ein persönliches
Anliegen, Sie auf diesem Weg zu unterstützen, denn ich weiß
aus eigener Erfahrung, wie belastend Schulden sein können und
wie befreiend es ist, sich von ihnen zu lösen.

Der Weg aus den Schulden heraus erfordert nicht nur finanzielle
Disziplin, sondern auch ein Umdenken in Bezug auf unsere
Einstellung zum Geld und unseren Lebensstil. Es geht darum,
nicht nur Symptome, sondern auch die Ursachen der
Verschuldung zu verstehen und anzugehen. Deshalb möchte ich
Sie ermutigen, dieses Buch nicht nur als einen praktischen

Leitfaden zu betrachten, sondern auch als eine Gelegenheit zur persönlichen Reflexion und zum Wachstum.

Ich lade Sie ein, offen zu sein für neue Perspektiven und Wege, die Ihnen dabei helfen können, Ihre finanzielle Situation zu verbessern. Seien Sie versichert, dass Sie nicht allein sind auf diesem Weg. Millionen von Menschen weltweit haben erfolgreich ihre Schulden überwunden und ein finanziell stabiles Leben aufgebaut. Auch Sie können es schaffen, und ich werde Ihnen dabei helfen, Schritt für Schritt.

Ich möchte mich an dieser Stelle bei all jenen bedanken, die mich auf meinem eigenen Weg unterstützt haben und deren Erfahrungen und Erkenntnisse in dieses Buch eingeflossen sind. Mein Dank gilt auch Ihnen, liebe Leserinnen und Leser, für Ihr Vertrauen und Ihre Entschlossenheit, den ersten Schritt zu tun, um Ihre finanzielle Zukunft selbst in die Hand zu nehmen.

Ich wünsche Ihnen viel Erfolg und Entschlossenheit auf Ihrem Weg zu einem schuldenfreien Leben!

Herzlichst,

Ihr Jan Feddersen

EINLEITUNG

In der heutigen Zeit ist die Belastung durch Schulden für viele Menschen eine Realität, die sie täglich belastet und einschränkt. Doch trotz der scheinbar erdrückenden Last gibt es Hoffnung und Lösungen. Willkommen, zu „Schuldenfrei werden und bleiben" – einem Leitfaden, der Ihnen dabei helfen wird, den Weg aus den Schulden zu finden und finanzielle Freiheit zu erlangen.

Im Vorwort dieses Ratgebers habe ich bereits betont, wie wichtig es ist, sich dieser Herausforderung zu stellen und Schritt für Schritt einen Weg zur Bewältigung der Schulden zu finden. Nun wollen wir uns gemeinsam auf diese Reise begeben und verschiedene Strategien und Techniken erkunden, die Ihnen helfen können, Ihre finanziellen Schwierigkeiten zu überwinden.

In den folgenden Kapiteln werden wir uns eingehend mit verschiedenen Aspekten der Schuldenbewältigung befassen. Vom ersten Schritt, sich einen Überblick über die Schulden zu verschaffen, über die Bedeutung der Kommunikation mit den Gläubigern bis hin zu praktischen Tipps zur Reduzierung von Ausgaben und Steigerung der Einnahmen – dieses Buch bietet Ihnen eine umfassende Anleitung, um Ihre Schulden effektiv anzugehen.

Wir werden auch die vielfältigen Vorteile der Abgabe einer Steuererklärung erkunden und die Bedeutung der Suche nach Hilfe und Unterstützung hervorheben. Schließlich werden wir präventive Maßnahmen betrachten, die Ihnen helfen können, nicht nur Ihre aktuellen Schulden zu bewältigen, sondern auch zu verhindern, dass Sie in Zukunft erneut in finanzielle Schwierigkeiten geraten.

Dieser Ratgeber ist mehr als nur ein Buch – er ist eine Einladung zu Veränderung, Hoffnung und finanzieller Befreiung. Es liegt in Ihrer Hand, die Tipps und Ratschläge, die Ihnen hier geboten werden, umzusetzen und den ersten Schritt auf Ihrem Weg zur Schuldenfreiheit zu machen. Seien Sie mutig, seien Sie entschlossen und glauben Sie daran, dass ein Leben ohne Schulden möglich ist. Es ist an der Zeit, den ersten Schritt zu wagen und Ihre finanzielle Zukunft selbst in die Hand zu nehmen.

PS: Am Ende eines jeden Kapitels ist Platz für Ihre persönlichen Notizen. Das Aufschreiben von Notizen beim Lesen eines Sachbuches fördert aktive Beteiligung und tiefere Konzentration, was zu einem besseren Verständnis und einer tieferen Verarbeitung des Inhalts führt. Notizen dienen als persönliche Referenz, um wichtige Konzepte zu organisieren und zu behalten, was das spätere Nachschlagen und die Anwendung des Wissens erleichtert. Durch den Prozess des Notierens können neue Einsichten entstehen und der kreative Denkprozess angeregt werden.

KAPITEL 1
Der Erste Schritt zur Schuldenfreiheit –
Den Überblick gewinnen

Bevor wir uns auf den Weg zur Schuldenfreiheit begeben können, ist es entscheidend, dass wir uns einen klaren Überblick über unsere finanzielle Situation verschaffen. Dieser erste Schritt mag zunächst entmutigend erscheinen, doch ist er von entscheidender Bedeutung, um ein solides Fundament für unsere Reise zu legen.

1.1 Schulden auflisten

Zunächst müssen wir alle unsere Schulden erfassen. Das mag einschüchternd sein, aber es ist wichtig, sich der Realität zu stellen, ums sie zu überwinden. Notieren Sie sich alle Schulden, angefangen bei Kreditkartenschulden über Darlehen bis hin zu unbezahlten Rechnungen. Vergessen Sie auch nicht etwaige Schulden bei Freunden oder Familienmitgliedern. Durch das Aufschreiben der Schulden bringen wir Transparenz in unsere finanzielle Situation und können realistisch einschätzen, wie groß die Herausforderung ist, der wir gegenüberstehen.

1.2 Ausgaben auflisten

Der nächste Schritt besteht darin, alle unsere Ausgaben aufzulisten. Hierbei sollten wir so detailreich wie möglich vorgehen und sowohl regelmäßige Ausgaben wie Miete, Strom und Versicherungen als auch variable Ausgaben wie Lebensmittel, Freizeitaktivitäten und sonstige Ausgaben erfassen. Auch kleine Beträge können sich im Laufe der Zeit summieren und unser Budget belasten. Durch das Auflisten unserer Ausgaben können wir Bereiche identifizieren, in denen wir Einsparungen vornehmen können, um mehr Geld für die Tilgung unserer Schulden zur Verfügung zu haben.

1.3 Einnahmen auflisten

Nachdem wir unsere Schulden und Ausgaben erfasst haben, ist es wichtig, unsere Einnahmen klar zu identifizieren. Dazu zählen nicht nur unser Gehalt, sondern auch etwaige Nebeneinkünfte, wie Miteinnahmen oder Zinsen aus Spareinlagen. Ein genauer Überblick über unsere Einnahmen ermöglicht es uns, realistische Ziele zu setzen und zu planen, wie wir unsere Schulden abbauen können.

Indem wir uns einen umfassenden Überblick über unsere Schulden, Ausgaben und Einnahmen verschaffen, legen wir den Grundstein für unseren Weg zur Schuldenfreiheit. Es mag zwar herausfordernd sein, sich dieser Realität zu

stellen, aber nur durch Transparenz und Ehrlichkeit können wir effektiv an der Lösung unserer finanziellen Probleme arbeiten. In den folgenden Kapiteln werden wir uns damit beschäftigen, wie wir unsere Schulden abbauen können und gleichzeitig ein gesundes finanzielles Leben führen können.

NOTIZEN

____

____

____

____

____

____

____

____

____

____

KAPITEL 2
Kommunikation mit den Gläubigern –
Der Stein des Anstoßes

In der Welt der Finanzen mag es verlockend sein, unangenehme Wahrheiten zu meiden und unbezahlte Rechnungen einfach auszusitzen. Doch diese Strategie ist selten erfolgreich und führt oft zu einer Verschlimmerung der finanziellen Situation durch zusätzliche Kosten und Zinsen. Der Schlüssel zur Bewältigung von Schulden liegt vielmehr in einer offenen und ehrlichen Kommunikation mit unseren Gläubigern.

2.1 Keine Angst vor dem Kontakt

Der erste Schritt besteht darin, die Angst vor dem Kontakt mit den Gläubigern zu überwinden. Es ist verständlich, dass dieser Gedanke Unbehagen auslösen kann, doch es ist wichtig zu verstehen, dass Gläubiger in der Regel daran interessiert sind, Lösungen zu finden, damit ihre Forderungen beglichen werden. Indem wir den Kontakt suchen, signalisieren wir unser Interesse und unsere Bereitschaft, unsere finanziellen Verpflichtungen ernst zu nehmen.

2.2 Offenheit über die aktuelle Situation

Bei der Kommunikation mit den Gläubigern ist es entscheidend, offen über unsere aktuelle finanzielle Situation zu sprechen. Das bedeutet, ehrlich darzulegen, wie hoch unsere Schulden sind, welche Einnahmen wir haben und welche Herausforderungen uns derzeit daran hindern, unsere Schulden zu begleichen. Je genauer wir unsere Situation beschreiben können, desto besser können unsere Gläubiger uns dabei unterstützen, Lösungen zu finden.

2.3 Gemeinsam Lösungsansätze entwickeln

Das Ziel der Kommunikation mit den Gläubigern ist es, gemeinsam Lösungsansätze zu entwickeln, die für beide Seiten akzeptabel sind. Das kann beispielsweise die Vereinbarung von Ratenzahlungen, die Umstrukturierung von Schulden oder die Verhandlung von niedrigeren Zinsen umfassen. Indem wir aktiv an der Lösungsfindung teilnehmen und alternative Zahlungspläne vorschlagen, zeigen wir unseren Gläubigern, dass wir gewillt sind, Verantwortung zu übernehmen und unsere Schulden ernsthaft anzugehen.

Letztendlich ist die Kommunikation mit den Gläubigern ein wesentlicher Bestandteil des Prozesses, um aus den Schulden herauszukommen und finanzielle Stabilität wiederzuerlangen. Anstatt die Probleme zu ignorieren oder

zu vermeiden, ist es wichtig, sie aktiv anzugehen und nach Lösungen zu suchen. Durch offene Gespräche und kooperative Lösungsfindung können wir den Grundstein für eine erfolgreiche Bewältigung unserer Schulden legen und gleichzeitig unsere finanzielle Zukunft sichern.

NOTIZEN

____

____

____

____

____

____

____

____

____

____

____

KAPITEL 3
Ausgaben reduzieren –
Nicht über unseren Verhältnissen leben

Nachdem wir in Kapitel 1 einen Überblick über unsere Ausgaben erhalten haben, ist es nun an der Zeit, diese kritisch zu hinterfragen und zu optimieren. Die Reduzierung von Ausgaben ist ein entscheidender Schritt auf dem Weg zur Schuldenfreiheit und finanziellen Stabilität. In diesem Kapitel werden wir uns damit beschäftigen, wie wir unnötige Ausgaben identifizieren und unser Konsumverhalten an unsere finanzielle Situation anpassen können.

3.1 Identifizierung unnötiger Ausgaben

Der erste Schritt besteht darin, unnötige Ausgaben zu identifizieren. Dazu gehören zum Beispiel Verträge, Versicherungen oder Abonnements, die wir nicht mehr benötigen oder nicht aktiv nutzen. Überprüfen Sie Ihre Ausgabenliste sorgfältig und fragen Sie sich, ob jede Ausgabe wirklich notwendig ist. Oftmals können wir durch die Kündigung von unnötigen Verträgen oder Abonnements erhebliche Einsparungen erzielen, die wir dann zur Tilgung unserer Schulden verwenden können.

3.2 Anpassung von Gewohnheiten und Konsumverhalten

Ein weiterer wichtiger Aspekt ist die Anpassung unserer Gewohnheiten und unseres Konsumverhaltens an unsere finanzielle Situation. Das bedeutet nicht, dass wir auf alles verzichten müssen, aber es erfordert eine bewusstere und gezieltere Nutzung unserer finanziellen Ressourcen. Überlegen Sie, ob es alternative Möglichkeiten gibt, um Ihre Bedürfnisse zu erfüllen, ohne dabei übermäßig viel Geld auszugeben. Vielleicht können Sie beispielsweise Mahlzeiten zu Hause zubereiten, anstatt teuer auswärts zu essen, oder Sie suchen nach günstigeren Freizeitaktivitäten, die Ihnen dennoch Freude bereiten.

3.3 Priorisierung von Ausgaben

Schließlich ist es wichtig, unsere Ausgaben zu priorisieren und uns auf das zu konzentrieren, was wirklich wichtig ist. Das bedeutet, dass wir möglicherweise einige Luxusgüter oder Annehmlichkeiten reduzieren müssen, um unsere finanziellen Ziele zu erreichen. Indem wir unsere Ausgaben bewusst priorisieren, können wir sicherstellen, dass wir unsere finanziellen Ressourcen optimal nutzen und gleichzeitig unsere Schulden abbauen.

Die Reduzierung von Ausgaben erfordert Disziplin und Engagement, aber sie ist ein entscheidender Schritt auf dem Weg zur finanziellen Freiheit. Indem wir unnötige Ausgaben identifizieren, unser Konsumverhalten anpassen und unsere Ausgaben priorisieren, können wir mehr Geld für die Tilgung unserer Schulden freisetzen und gleichzeitig ein bewussteres und nachhaltigeres finanzielles Leben führen.

NOTIZEN

____

____

____

____

____

____

____

____

____

____

KAPITEL 4
Einnahmen steigern –
Maximierung des finanziellen Potenzials

Nachdem wir in dem vorherigen Kapitel unsere Ausgaben reduziert haben, ist es nun an der Zeit, unsere Einnahmen zu maximieren. Die Steigerung unserer Einnahmen ist eine weitere wichtige Stellschraube auf dem Weg zur finanziellen Freiheit und kann uns dabei helfen, unsere Schulden schneller abzubauen und langfristig ein finanziell stabileres Leben zu führen. In diesem Kapitel werden wir uns damit beschäftigen, wie wir unsere regelmäßigen Einkünfte erhöhen und mögliche zusätzliche Einnahmequellen erschließen können.

4.1 Gehaltserhöhung im Hauptberuf

Eine Möglichkeit, unsere regelmäßigen Einkünfte zu steigern, besteht darin, eine Gehaltserhöhung in unserem Hauptberuf anzustreben. Das kann bedeuten, mit unserem Vorgesetzten über eine mögliche Gehaltserhöhung zu verhandeln oder uns gezielt weiterzubilden, um unsere Qualifikationen zu verbessern und dadurch bessere Karrierechancen zu erhöhen. Es lohnt sich, aktiv nach Möglichkeiten zu suchen, um unser Einkommenspotenzial im Hauptberuf zu maximieren.

4.2 Nebenbeschäftigung oder zusätzliches Einkommen

Eine weitere Möglichkeit, unsere Einnahmen zu steigern, besteht darin, eine Nebenbeschäftigung anzunehmen oder zusätzliche Einkommensquellen zu erschließen. Das kann zum Beispiel bedeuten, einen Teilzeitjob anzunehmen, freiberuflich tätig zu werden oder eine eigene Geschäftsidee umzusetzen. Indem wir zusätzliches Einkommen generieren, können wir mehr Geld zur Tilgung unserer Schulden verwenden und unseren finanziellen Spielraum erweitern.

4.3 Förderungen und Unterstützungsmöglichkeiten

Darüber hinaus sollten wir prüfen, ob wir möglicherweise staatliche Förderungen oder Unterstützungsmöglichkeiten in Anspruch nehmen können. Dazu gehören zum Beispiel Wohngeld, Kindergeld oder andere finanzielle Hilfen, die uns dabei helfen können, unsere finanzielle Situation zu verbessern. Es lohnt sich, sich über die verschiedenen Unterstützungsmöglichkeiten zu informieren und gegebenenfalls entsprechende Anträge zu stellen.

Indem wir unsere Einnahmen steigern, können wir unser finanzielles Potenzial maximieren und unsere Schulden schneller abbauen. Es erfordert zwar zusätzliche Anstrengungen und Engagement, aber die Investition in die Steigerung unserer Einnahmen kann sich langfristig auszahlen und uns dabei helfen, ein finanziell stabileres und erfüllteres Leben zu führen.

NOTIZEN

KAPITEL 5
Zusätzliche Barmittel schaffen –
Es reist sich besser mit leichtem Gepäck

Ein altes Sprichwort besagt: "Weniger ist mehr." In der Welt der Schuldenfreiheit könnte dieses Sprichwort nicht passender sein. Wenn wir uns umsehen, erkennen wir vielleicht, dass wir unser Leben mit unnötigen Gegenständen überladen haben - Dinge, die wir seit Jahren nicht mehr benutzt haben und die nur Platz einnehmen. Aber wussten Sie, dass genau in diesen Dingen Ihr Schlüssel zur finanziellen Freiheit liegen könnte?

5.1 Verkaufen Sie, was Sie nicht brauchen

Ein wichtiger Schritt, um schuldenfrei zu werden und zu bleiben, besteht darin, sich von Ballast zu befreien. Schauen Sie sich in Ihrem Zuhause um und überlegen Sie, welche Gegenstände Sie wirklich benötigen und welche nur Staub ansetzen. Bücher, Kleidung, Elektronikgeräte, Möbel - die Liste könnte lang sein. Alles, was Sie seit Monaten oder sogar Jahren nicht mehr verwendet haben, könnte potenzielles Kapital sein.

5.2 Plattformen nutzen

Heutzutage gibt es eine Vielzahl von Plattformen, auf denen Sie diese Gegenstände verkaufen können. Von eBay über Flohmärkte bis hin zu spezialisierten Apps gibt es unzählige Möglichkeiten, Ihre Sachen loszuwerden. Der Vorteil dabei ist nicht nur, dass Sie Platz schaffen, sondern auch, dass Sie Geld verdienen können, das Sie dann dazu nutzen können, Ihre Schulden abzubauen.

5.2 Der Emotionale Aspekt

Natürlich kann es schwer sein, sich von Dingen zu trennen, insbesondere wenn sie mit Erinnerungen verbunden sind. Doch denken Sie daran: Die Erinnerungen bleiben bestehen, auch wenn die physischen Objekte nicht mehr da sind. Durch den Verkauf dieser Dinge geben Sie ihnen eine neue Bedeutung - sie werden zu Mitteln, um Ihre finanziellen Ziele zu erreichen.

5.3 Ein neues Verständnis von Reichtum

Wenn Sie beginnen, sich von überflüssigem Besitz zu trennen, werden Sie vielleicht feststellen, dass Ihr Verständnis von Reichtum sich ändert. Es geht nicht mehr nur darum, wie viele Dinge Sie besitzen, sondern darum, wie frei Sie sind - frei von

Schulden, frei von unnötigem Ballast und frei, sich auf das zu konzentrieren, was wirklich wichtig ist.

Es mag paradox erscheinen, aber indem Sie sich von Dingen trennen, können Sie ein reicheres Leben führen. Ein Leben, das nicht durch Besitztümer definiert ist, sondern durch Erfahrungen, Beziehungen und die Freiheit, Ihre Träume zu verfolgen.

NOTIZEN

____

____

____

____

____

____

____

____

____

KAPITEL 6
Mehr als nur eine Pflicht –
Die Vorteile der Abgabe der Steuererklärung

Die Abgabe der Steuererklärung wird oft als lästige Pflicht angesehen, die mit einem hohen Zeitaufwand verbunden ist. Doch tatsächlich bietet die Steuererklärung zahlreiche Vorteile, die oft unterschätzt werden. In diesem Kapitel werden wir uns ausführlich mit den vielfältigen Vorteilen beschäftigen, die die Abgabe der Steuererklärung mit sich bringt.

6.1 Steuerrückerstattung

Einer der offensichtlichsten Vorteile der Steuererklärung ist die Möglichkeit einer Steuerrückerstattung. Indem wir alle unsere Ausgaben und absetzbaren Kosten sorgfältig dokumentieren und in unserer Steuererklärung angeben, können wir möglicherweise eine Rückzahlung vom Finanzamt erhalten. Diese zusätzlichen finanziellen Mittel können wir dann nutzen, um unsere Schulden abzubauen oder unsere Ersparnisse zu erhöhen.

6.2 Steuerliche Vergünstigungen und Abzugsmöglichkeiten

Die Steuererklärung ermöglicht es uns, von verschiedenen steuerlichen Vergünstigungen und Abzugsmöglichkeiten zu profitieren. Dazu gehören zum Beispiel Werbungskosten, Sonderausgaben, außergewöhnliche Belastungen und weitere absetzbare Kosten. Indem wir diese Möglichkeiten nutzen und unsere Ausgaben sorgfältig dokumentieren, können wir unsere steuerliche Belastung reduzieren und mehr Geld in der eigenen Tasche behalten.

6.3 Vermeidung von Steuerschätzungen und -strafen

Wer seine Steuererklärung nicht rechtzeitig abgibt oder unvollständige oder fehlerhafte Angaben macht, riskiert Steuerschätzungen und -strafen durch das Finanzamt. Indem wir unsere Steuererklärung rechtzeitig und korrekt abgeben, können wir diese unangenehmen Konsequenzen vermeiden und uns unnötigen Ärger ersparen.

6.4 Dokumentation von finanziellen Informationen

Die Steuererklärung erfordert eine gründliche Dokumentation unserer finanziellen Informationen, einschließlich Einnahmen, Ausgaben und absetzbarer Kosten. Diese Dokumentation kann nicht nur dabei helfen, unsere steuerliche Belastung zu optimieren, sondern auch eine wertvolle Grundlage für die Überwachung unserer finanziellen Situation und die Planung zukünftiger Ausgaben und Ersparnisse sein.

6.5 Erfüllung der gesetzlichen Pflicht

Nicht zuletzt erfüllen wir mit der Abgabe unserer Steuererklärung auch eine gesetzliche Pflicht. Die Steuergesetze verlangen von uns, unsere Einkünfte und Ausgaben gegenüber dem Finanzamt offen zu legen und unsere Steuern ordnungsgemäß zu entrichten. Indem wir unserer Verantwortung nachkommen und unsere Steuererklärung rechtzeitig abgeben, zeigen wir unsere Bereitschaft, uns an die geltenden Gesetze zu halten und unseren Beitrag zum Funktionieren des Steuersystems zu leisten.

Insgesamt bietet die Abgabe der Steuererklärung zahlreiche Vorteile, die über die bloße Erfüllung einer gesetzlichen Pflicht hinausgehen. Indem wir diese Möglichkeit nutzen und unsere Steuererklärung sorgfältig und korrekt ausfüllen, können wir nicht nur unsere steuerliche Belastung optimieren, sondern auch finanzielle Vorteile und Sicherheit für unsere Zukunft erlangen.

NOTIZEN

KAPITEL 7
Hilfe suchen! –
Gemeinsam stark gegen Schulden

In schwierigen finanziellen Situationen ist es wichtig zu erkennen, dass wir nicht alleine sind und dass es zahlreiche Stellen gibt, die Unterstützung anbieten können. Das Einholen von Hilfe ist kein Zeichen von Schwäche, sondern vielmehr ein mutiger Schritt in die richtige Richtung, um unsere finanziellen Probleme anzugehen und zu lösen. In diesem Kapitel werden wir uns mit den verschiedenen Möglichkeiten der Hilfe und Unterstützung bei der Bewältigung von Schulden beschäftigen.

7.1 Schuldnerberatungsstellen der Kreisverwaltung oder des DRK

Eine wichtige Anlaufstelle für Menschen, die mit Schulden kämpfen, sind Schuldnerberatungsstellen, die oft von der Kreisverwaltung oder gemeinnützigen Organisationen wie dem Deutschen Roten Kreuz (DRK) angeboten werden. Dort erhalten Betroffene professionelle Beratung und Unterstützung bei der Bewältigung ihrer finanziellen Probleme. Die Beraterinnen und Berater können dabei helfen, einen Überblick über die Schulden zu bekommen, Lösungsstrategien zu entwickeln und Verhandlungen mit Gläubigern zu führen. Oftmals ist diese

Beratung sogar kostenlos oder wird zu einem symbolischen Beitrag angeboten.

7.2 Verbraucherzentralen und gemeinnützige Organisationen

Darüber hinaus bieten Verbraucherzentralen und andere gemeinnützige Organisationen oft Unterstützung für Menschen in finanziellen Notlagen an. Dort können Betroffene Informationen und Beratung zu verschiedenen Themen erhalten, wie etwa zu Verbraucherrechten, Kreditverträgen und Schuldensanierung. Auch hier stehen Expertinnen und Experten zur Verfügung, die mit Rat und Tat zur Seite stehen können.

7.3 Selbsthilfegruppen und Online-Communities

Neben professionellen Beratungsstellen gibt es auch Selbsthilfegruppen und Online-Communities, in denen sich Betroffene austauschen und gegenseitig unterstützen können. Der Austausch mit anderen Menschen, die ähnliche Erfahrungen gemacht haben, kann oft Trost spenden und neue Perspektiven eröffnen. Auch hier gilt: Es ist keine Schande, um Hilfe zu bitten oder sich in einer schwierigen Situation Unterstützung zu suchen.

7.4 Familie und Freunde

Nicht zuletzt können auch Familie und Freunde eine wichtige Unterstützungsrolle spielen. Oftmals ist es hilfreich, mit vertrauten Personen über unsere finanziellen Probleme zu sprechen und um Rat oder Hilfe zu bitten. Familie und Freunde können uns emotional unterstützen, aber auch praktische Hilfe leisten, etwa durch das Bereitstellen von finanziellen Mitteln oder durch die Übernahme von Aufgaben.

Zusammenfassend lässt sich sagen, dass es zahlreiche Stellen gibt, die Hilfe und Unterstützung für Menschen in finanziellen Notlagen anbieten. Indem wir diese Unterstützung in Anspruch nehmen und uns aktiv um Lösungen bemühen, können wir den ersten Schritt auf dem Weg zu einem Leben ohne Schulden machen. Es ist keine Schande, Hilfe zu suchen - im Gegenteil, es zeugt von Stärke und Entschlossenheit, unsere finanziellen Probleme anzugehen und zu lösen.

NOTIZEN

KAPITEL 8
Prävention –
Der Schlüssel zur langfristigen finanziellen Stabilität

Um langfristig finanzielle Stabilität zu erreichen und zu erhalten, ist Prävention von entscheidender Bedeutung. In diesem Kapitel werden wir uns damit beschäftigen, wie wir durch bewusstes und verantwortungsvolles Handeln finanzielle Schwierigkeiten von vornherein vermeiden können.

8.1 Nur das kaufen, was man sich leisten kann

Eine der wichtigsten Präventionsmaßnahmen ist es, nur das zu kaufen, was man sich tatsächlich leisten kann. Das bedeutet, dass wir unsere Ausgaben im Rahmen unserer finanziellen Möglichkeiten halten und uns nicht übermäßig verschulden sollten, um unseren Konsum zu finanzieren. Indem wir bewusst mit unserem Geld umgehen und auf unnötige Ausgaben verzichten, können wir finanzielle Engpässe vermeiden.

8.2 Verzicht auf Kredite und Ratenzahlungen

Darüber hinaus ist es ratsam, möglichst keine Kredite aufzunehmen oder Ratenzahlungen zu vereinbaren, wenn es nicht unbedingt erforderlich ist. Kredite und Ratenzahlungen können langfristig zu einer erheblichen finanziellen Belastung führen und unsere finanzielle Freiheit einschränken. Stattdessen sollten wir lieber auf etwas hin sparen und erst dann kaufen, wenn wir genügend Geld dafür zur Verfügung haben.

8.3 Aufbau eines Sicherheitspolsters

Ein weiterer wichtiger Aspekt der Prävention ist der Aufbau eines Sicherheitspolsters für unerwartete Ausgaben. Indem wir regelmäßig Geld zurücklegen und ein finanzielles Polster aufbauen, können wir uns vor unvorhergesehenen Ereignissen wie Arbeitslosigkeit, Krankheit oder Reparaturkosten schützen. Ein Sicherheitspolster gibt uns nicht nur finanzielle Sicherheit, sondern auch ein beruhigendes Gefühl und die Gewissheit, dass wir auch in schwierigen Zeiten über die nötigen finanziellen Mittel verfügen.

Indem wir präventive Maßnahmen ergreifen und bewusst mit unserem Geld umgehen, können wir langfristig finanzielle Stabilität erreichen und finanzielle Schwierigkeiten von vornherein vermeiden. Es erfordert Disziplin und Engagement, aber die Investition in präventive Maßnahmen zahlt sich langfristig aus und ermöglicht es uns, ein finanziell stabiles und erfülltes Leben zu führen.

NOTIZEN

KAPITEL 9
Letzter Ausweg Insolvenz –
Ein Neuanfang ohne Scham

Manchmal, trotz all unserer Bemühungen und Strategien, kann es vorkommen, dass wir unsere Schulden nicht mehr bewältigen können und die Insolvenz als letzten Ausweg in Betracht ziehen müssen. In diesem Kapitel werden wir uns mit dem Prozess der Privatinsolvenz befassen und darauf hinweisen, dass dies kein Grund zur Scham ist, sondern vielmehr eine Möglichkeit, einen Neuanfang zu machen.

9.1 Der Ablauf eines Privatinsolvenzverfahrens

Der Weg zur Privatinsolvenz beginnt in der Regel mit einem Antrag beim zuständigen Insolvenzgericht. In diesem Antrag müssen wir unsere finanzielle Situation offenlegen und alle unsere Schulden angeben. Nach der Antragstellung wird ein Insolvenzverwalter bestellt, der unsere finanziellen Angelegenheiten überwacht und die Gläubiger vertritt.

Während des Insolvenzverfahrens müssen wir regelmäßig Auskunft über unsere finanzielle Lage geben und mögliche Vermögenswerte abtreten, die zur Tilgung unserer Schulden verwendet werden können. In der Regel dauert das Insolvenzverfahren sechs Jahre, während derer wir unter bestimmten Voraussetzungen von unseren Schulden befreit werden können.

9.2 Keine Schande in der Insolvenz

Es ist wichtig zu verstehen, dass die Insolvenz kein Zeichen von persönlichem Versagen ist und keine Schande darstellt. Vielmehr ist sie eine gesetzlich geregelte Möglichkeit, sich von unüberwindbaren Schulden zu befreien und einen Neuanfang zu machen. Durch die Insolvenz erhalten wir die Chance, unsere finanziellen Altlasten hinter uns zu lassen und einen neuen finanziellen Start zu wagen.

9.3 Wichtiger Hinweis

Abschließend ist es wichtig zu betonen, dass dieser Ratgeber keine rechtliche oder insolvenzrechtliche Beratung darstellt. Bei Fragen zum Thema Insolvenz und Privatinsolvenz sollten Sie sich daher an einen Anwalt oder eine offizielle Schuldner- und Insolvenzberatungsstelle wenden. Dort erhalten Sie professionelle Unterstützung und Beratung, die auf Ihre individuelle Situation zugeschnitten ist.

Die Insolvenz mag ein schwieriger Schritt sein, aber sie kann auch eine Befreiung und ein Neuanfang sein. Es ist wichtig, sich nicht zu scheuen, Hilfe zu suchen und die Unterstützung anzunehmen, die uns zur Verfügung steht. Denn am Ende des Tages geht es darum, eine Lösung für unsere finanziellen Probleme zu finden und wieder ein Leben ohne Schulden zu führen.

NOTIZEN

BONUSKAPITEL
Die Macht des Haushaltsbuchs:
Ihr Weg zur finanziellen Klarheit

Ein Haushaltsbuch mag auf den ersten Blick altmodisch erscheinen, aber unterschätzen Sie nicht seine transformative Kraft. Es ist ein einfaches Werkzeug, das Ihnen dabei hilft, Ihre Ausgaben im Blick zu behalten, Ihre Finanzen zu organisieren und letztendlich Ihre Schulden abzubauen. Lassen Sie uns einen Blick darauf werfen, warum ein Haushaltsbuch so wichtig ist und wie Sie es effektiv nutzen können.

Die Bedeutung der Transparenz

Ein Haushaltsbuch ist wie ein Spiegel für Ihre Finanzen. Es zeigt Ihnen klar und deutlich, wohin Ihr Geld fließt. Viele Menschen unterschätzen die Menge an Geld, die für scheinbar kleine Ausgaben wie Kaffee unterwegs, Fast Food oder Online-Shopping ausgegeben wird. Doch diese kleinen Ausgaben können sich im Laufe der Zeit zu beträchtlichen Summen addieren. Ein Haushaltsbuch hilft Ihnen dabei, diese Ausgabenmuster zu erkennen und zu ändern.

Wie führt man ein Haushaltsbuch?

Die gute Nachricht ist, dass die Führung eines Haushaltsbuchs heutzutage einfacher ist als je zuvor. Sie können eine einfache Tabelle in einem Notizbuch verwenden, eine Excel-Tabelle erstellen oder eine der zahlreichen Apps nutzen, die speziell für diesen Zweck entwickelt wurden. Wählen Sie die Methode, die am besten zu Ihnen passt und die Sie konsequent verwenden können.

Notieren Sie jede Ausgabe

Um ein genaues Bild Ihrer Finanzen zu erhalten, ist es wichtig, jede Ausgabe zu notieren, egal wie klein sie auch sein mag. Seien Sie ehrlich zu sich selbst und nehmen Sie sich die Zeit, jede Transaktion einzutragen. Am Ende jedes Tages oder jeder Woche nehmen Sie sich einen Moment Zeit, um Ihre Ausgaben zu überprüfen und zu analysieren.

Analysieren und Anpassen

Ein Haushaltsbuch ist nicht nur dazu da, Ihre Ausgaben zu verfolgen, sondern auch um zu lernen und zu wachsen. Nehmen Sie sich regelmäßig Zeit, um Ihre Ausgaben zu analysieren. Gibt es Bereiche, in denen Sie übermäßig viel ausgeben? Können Sie Einsparungen vornehmen, ohne auf Lebensqualität zu verzichten? Indem Sie Ihre Ausgaben verstehen, können Sie gezielt Anpassungen vornehmen und Ihre finanziellen Ziele schneller erreichen.

Die Belohnung der Kontrolle

Es mag anfangs mühsam erscheinen, ein Haushaltsbuch zu führen, aber die Belohnungen sind es wert. Durch die Kontrolle über Ihre Finanzen gewinnen Sie ein Gefühl der Sicherheit und Freiheit. Sie können bewusst entscheiden, wie Sie Ihr Geld ausgeben und sich auf das konzentrieren, was Ihnen wirklich wichtig ist.

NOTIZEN

____

____

____

____

____

____

____

____

Fazit

Der Weg zur Schuldenfreiheit und finanziellen Stabilität ist kein einfacher, aber er ist machbar und lohnenswert. Durch eine sorgfältige Planung und konsequente Umsetzung können wir unseren finanziellen Herausforderungen erfolgreich begegnen und langfristig ein Leben ohne Schulden führen.

Der erste Schritt besteht darin, uns einen klaren Überblick über unsere Schulden, Einnahmen und Ausgaben zu verschaffen. Durch eine ehrliche Analyse unserer finanziellen Situation können wir die Grundlage für eine erfolgreiche Bewältigung unserer Schulden legen.

Die Kommunikation mit unseren Gläubigern ist von entscheidender Bedeutung, um gemeinsam Lösungswege zu finden und Vereinbarungen zu treffen, die für beide Seiten akzeptabel sind. Es ist wichtig, keine Angst davor zu haben, um Hilfe zu bitten und Unterstützung anzunehmen.

Die Reduzierung von Ausgaben und die Steigerung unserer Einnahmen ermöglichen es uns, mehr Geld für die Tilgung unserer Schulden zur Verfügung zu haben. Indem wir unsere Ausgaben bewusst priorisieren und unsere Einnahmen maximieren, können wir unseren finanziellen Spielraum erweitern und unsere Schulden schneller abbauen.

Die Abgabe der Steuererklärung bietet zahlreiche Vorteile und kann uns dabei helfen, unsere steuerliche Belastung zu optimieren und finanzielle Vorteile zu erlangen. Es lohnt sich, die Zeit und Mühe zu investieren, um unsere Steuererklärung sorgfältig und korrekt auszufüllen.

Das Einholen von Hilfe und Unterstützung ist kein Zeichen von Schwäche, sondern vielmehr ein Zeichen von Stärke und Entschlossenheit, unsere finanziellen Probleme anzugehen und zu lösen. Es gibt zahlreiche Stellen, die Hilfe anbieten, und es ist wichtig, diese Unterstützung in Anspruch zu nehmen, wenn wir sie benötigen.

Durch präventive Maßnahmen wie bewusstes Konsumverhalten, Verzicht auf unnötige Schulden und Aufbau eines Sicherheitspolsters können wir langfristig finanzielle Stabilität erreichen und finanzielle Schwierigkeiten von vornherein vermeiden.

Der Weg zur Schuldenfreiheit mag herausfordernd sein, aber er ist es wert. Indem wir konsequent an unserer finanziellen Gesundheit arbeiten und uns auf die positiven Veränderungen konzentrieren, können wir langfristig ein finanziell stabiles und erfülltes Leben führen. Bleiben Sie motiviert, bleiben Sie fokussiert und glauben Sie daran, dass Sie es schaffen können!

NOTIZEN

NOTIZEN

NOTIZEN

NOTIZEN

NOTIZEN

NOTIZEN

NOTIZEN

NOTIZEN

NOTIZEN

www.ingramcontent.com/pod-product-compliance
Lightning Source LLC
Chambersburg PA
CBHW051359250726
48656CB00006B/2175